CW00823038

Denkmäler Der Krippenkunst
– Primary Source Edition

Berliner, Rudolf, 1886- 1967

Dr B. Filser, Augsburg Published 1926-30

Die Weihnachtskrippe München 1955

Nabu Public Domain Reprints:

You are holding a reproduction of an original work published before 1923 that is in the public domain in the United States of America, and possibly other countries. You may freely copy and distribute this work as no entity (individual or corporate) has a copyright on the body of the work. This book may contain prior copyright references, and library stamps (as most of these works were scanned from library copies). These have been scanned and retained as part of the historical artifact.

This book may have occasional imperfections such as missing or blurred pages, poor pictures, errant marks, etc. that were either part of the original artifact, or were introduced by the scanning process. We believe this work is culturally important, and despite the imperfections, have elected to bring it back into print as part of our continuing commitment to the preservation of printed works worldwide. We appreciate your understanding of the imperfections in the preservation process, and hope you enjoy this valuable book.

Denkmäler der Krippenkunst

168 Kunstdrucktafeln

Dr. Benno Filser Verlag, G.m.b.H., Augsburg

LIBRARY

JAN 7 1971

UNIVERSITY OF TORONTO

P 4 /

Inhaltsverzeichnis

Gius. Sammartino. Anbetung der Hirten

Neapolitanisch, die h. 3 Könige

Madera, Anbetung der Hirten

Matera. Anbetung der Hirten

Matera, Anbetung der Hirten

Matera, Bäuerin

Sizilianisch. Anbetung der h. 3 Könige

Joh. Georg Dorfmaister, Anbetung der Hirten

Neapolitanischer Meister, Verkündigung an die Hirten

Münchner Meister, Anbetung der Engel

Neapolitanischer Meister. Anbetung der Hirten

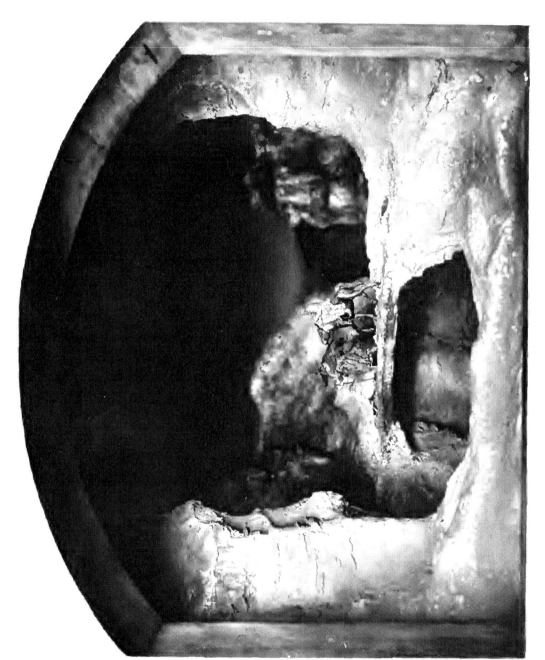

Sizilianischer Meister, Flucht nach Ägypten

1

2

1: Sizilianischer Meister, Anbetung der Hirten. 2: Münchner Meister, Kindheit Christi

Ludwig, Hirten

Ludwig, die h. 3 könige

1: Franz Hitzl d. Ä., Flucht nach Ägypten. 2: Franz Hitzl d. J., Die Beschneidung

Südniederländischer Meister. Christkindwiege

Joh. Thad. Stammel. Krippe

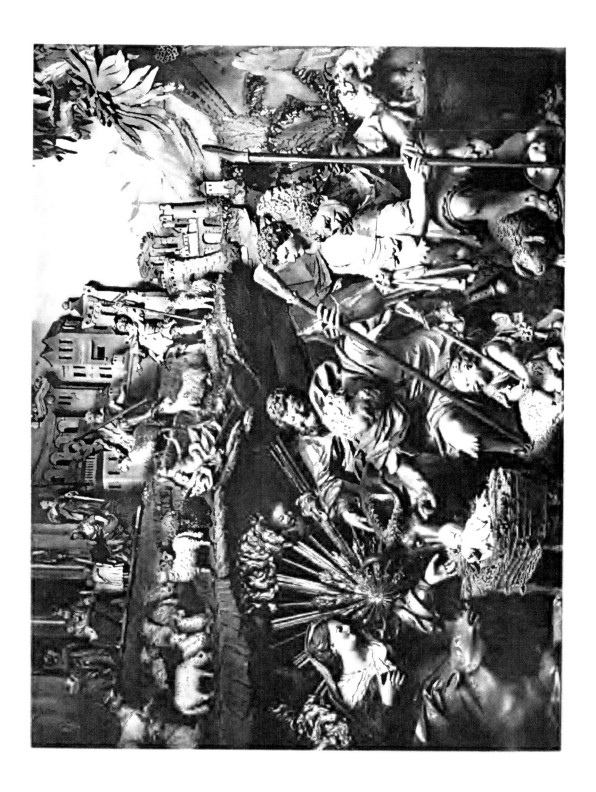

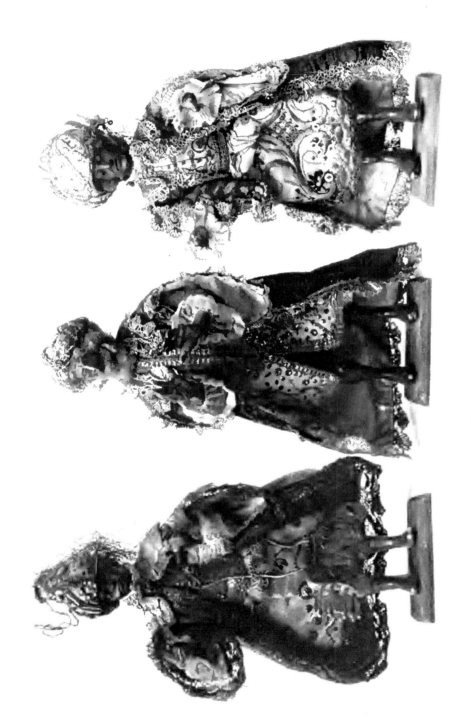

Alpenländischer Meister, die h. drei Könige

1

2

Münchner Meister. Tiere aus einer Flucht nach Ägypten

Gius. und Gius. Bongiovanni und Vaccaro, Schusterwerkstatt

Verschiedene süddeutsche Meister, Passionskrippe

Ausschnitt aus Tafel IV, 1

IV, 2

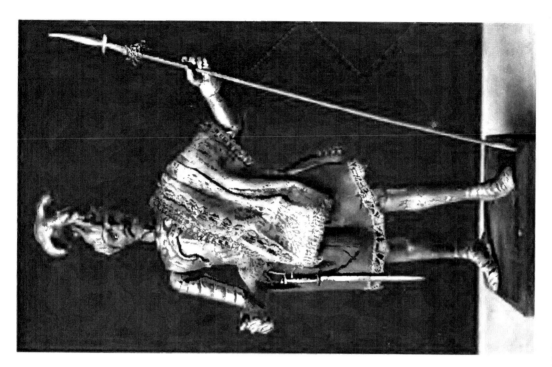

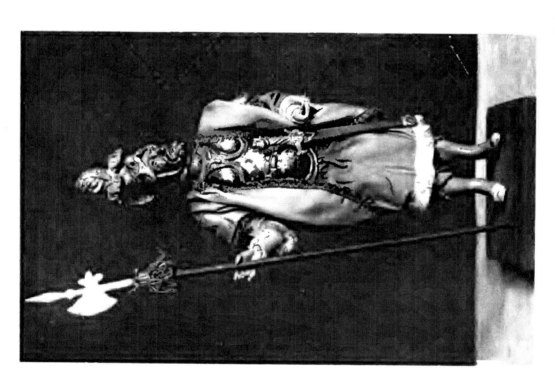

Ausschnitte aus Tafel IV, 1

Ausschnitt aus Tafel IV, 1

Ausschnitt aus Tafel IV, 1

Ausschnitt aus Tafel IX, 1

Ludwig, Die Verspottung

Neapolitanischer Meister, Die Grablegung

Neapolitanischer Meister, die Verkündigung

Sizilianischer Meister, der Kindermord zu Bethlehem

1

Sizilianischer Meister, die Anbetung der h. 3 Könige

2

Ausschnitt aus Tafel V, 2, 2

Giov. Matera, Fischer mit Mädchen

Giov. Matera. Hirtenidole

Joh. Thadd. Stammel, Krippe

Tiroler Meister, die Anbetung der Hirten

Münchner Meister, die Anbetung der Hirten

Giov. Matera: 1, 3 Straßenszenen; 2 schlafender Hirt; 4 aus dem Zuge der h. 3 Könige

1

2

Sizilianische Straßenszenen

1

2

Sizilianische Straßenszenen

Sizilianisch. Die Anbetung der Hirten

1   2

3   4

5   6

Neapolitanisch. Köpfe von Krippenfiguren

Neapolitanisch Francesco Cappiello

1   3   2

1   2   3

Neapolitanisch 1, 2 Salvatore di Franco; 3 Francesco Cappiello

Angelo Viva. Engelsglorie

VI. 8

1

2

Krippenfiguren. 1. Neapolitanisch, 2. Bayerisch.

1

2

3

4

Giov. Matera: 1. Wäscherinnen; 2. Wirtshausszene; 3. Eiersammlerin; 4. Straßenszene.

2

6

3

5

1

4

Köpfe neapler Krippenfiguren Giuseppe Sammartino

VII. 3

Köpfe neapler Krippenfiguren Giuseppe Gori

Taf. 1

3

4

1

2

Köpfe neapler Krippenfiguren. Lorenzo Mosca

Aus neapler Engelsgloriten. 1. Oben: Lorenzo Mosca; unten und 2 oben: Gius. Sanmartino. 2. Unten: Matteo oder Felice Bottiglieri

2

1

VII. 6

1

2

1. Jos. Anton Gott...er. Madonnengruppe einer Krippe. 2. Wiener Porzellanmanufaktur Krippe

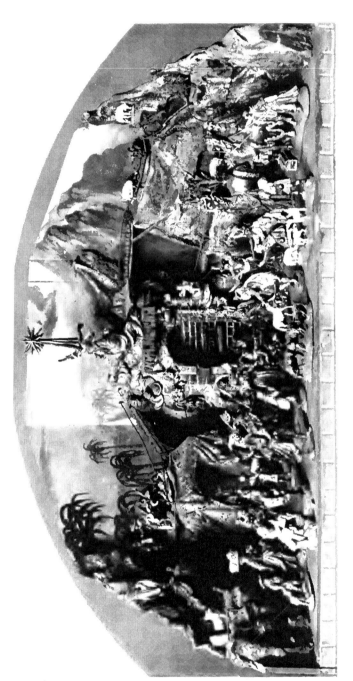

Franz Hitzl d. Ä. und d. J., Krippe

Arnolfo di Cambio, H. Joseph, Ochs und Esel aus der Anbetung der Könige

Arnolfo di Cambio, Die h. 3 Könige

Toskanisch, Die Geburt Christi
Die Malerei von Benozzo Gozzoli

Toskanisch, Die Anbetung des Kindes

Antonio Rossellino, Krippe

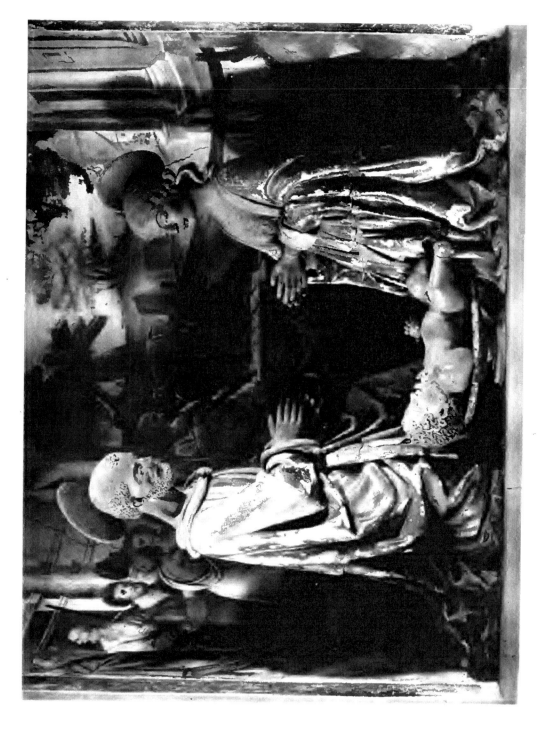

Mittelitalienisch. Krippe

Cecchino da Pietrasanta, Die Geburt Christi

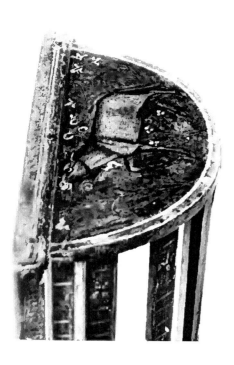

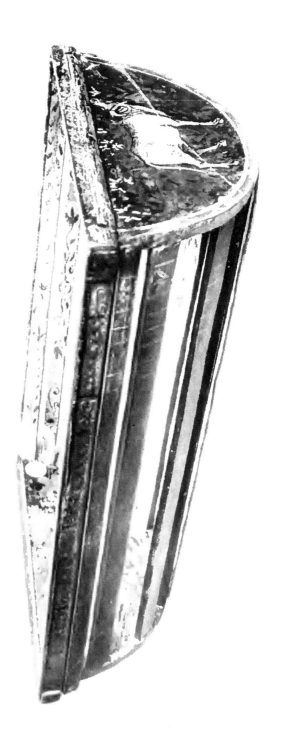

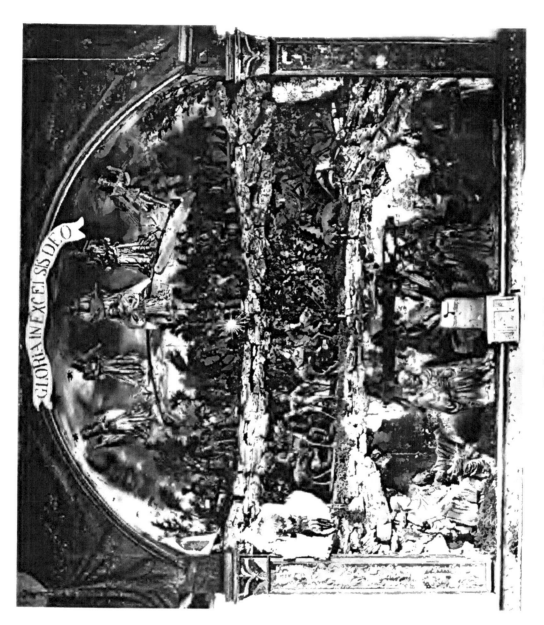

Mittelitalienisch, Krippenaltar

Ausschnitt aus Tafel IX. 1

1

2

Ausschnitte aus Tafel IX, 1

Mittelitalienisch, Krippenaltar

1

2

Ausschnitte aus Tafel IX, 4

Westsizilianische Krippe

Fig. 6

1

2

3

Köpfe neapler Krippenfiguren. Dom. Ant. Vaccaro.

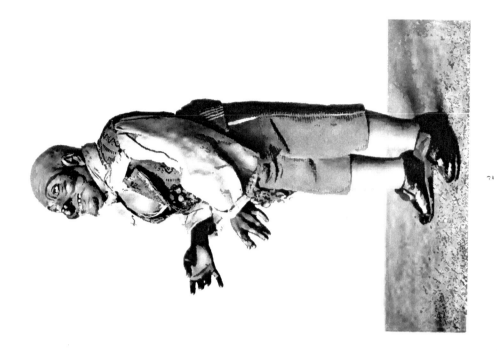

Neapler Krippenfiguren; Verwachsene [1: Franc. Cappiello, 2: Franc. Celebrano

1

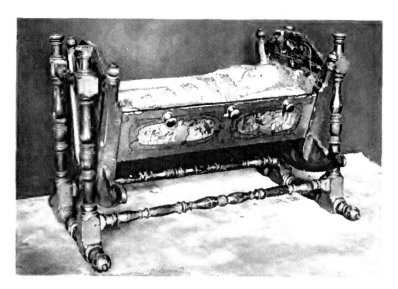

2

Deutsche Christkindwiegen

Hans Schlothammer, Automatisch-bewegliche Anbetung der h. 3 Könige

1

2

Einzelaufnahmen von Taf. X. 2

1: Venezianisch, bewegliche Anbetung der Könige vom Uhrturm von S. Marco;
2: Einzelaufnahme von Taf. X, 2

Bayerisch. Verkündigung an die Hirten und Anbetung durch sie und die h. 3 Könige

1

2

Einzelheiten aus Taf. X, 5

Gius. Sammartino, h. Familie

Giovanni Merliano gen. da Nola, Maria und Joseph einer Krippe

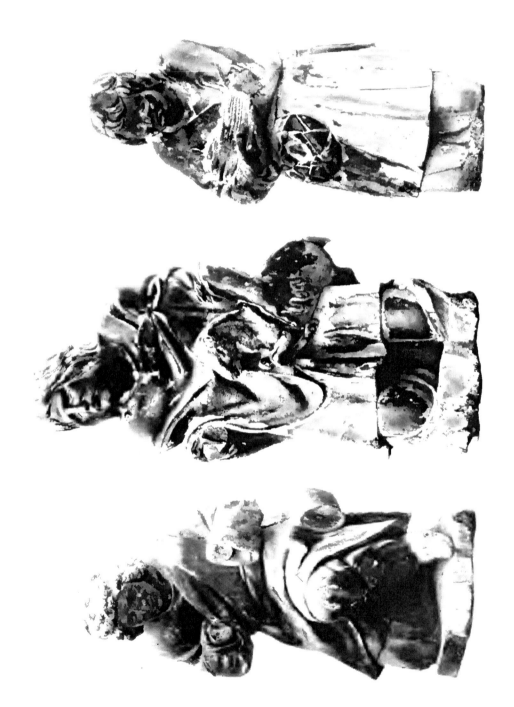

Giovanni Merliano gen. da Nola, die Hirten einer Krippe

1

2

3

Neapler Krippenfiguren; 1: Salvatore di Franco, 2. Unbekannt, 3: Giuseppe de Luca

3

1: Giuseppe Gori, Hirt mit Dudelsack; 2: Lorenzo Mosca, Orientale

1

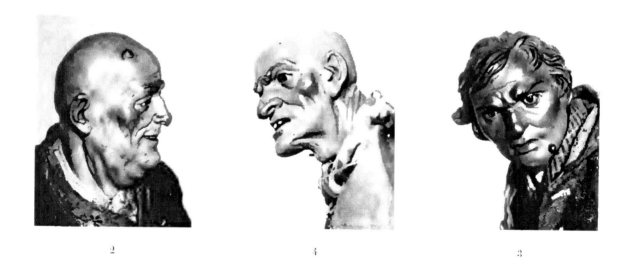

2 4 3

Neapler Krippenfiguren; 1—3: Francesco Celebrano; 4: Giambattista Polidoro

1

2   3   4

Neapler Krippenfiguren; 1: Tommaso Schettino; 2: Giambattista Polidoro; 3: Lorenzo Mosca; 4: Gebrüder Trilocco

XI, 6

1: Filippo Scandellari, anbetender Hirt; 2: Bolognesischer Meister G. C. M., HL Joseph; 3: Venezianische Krippe

Spanische Krippe

Spanische Krippe

1

2

1 Ausschnitt aus Tafel XII, 1; 2 Ausschnitt aus Tafel XII, 2

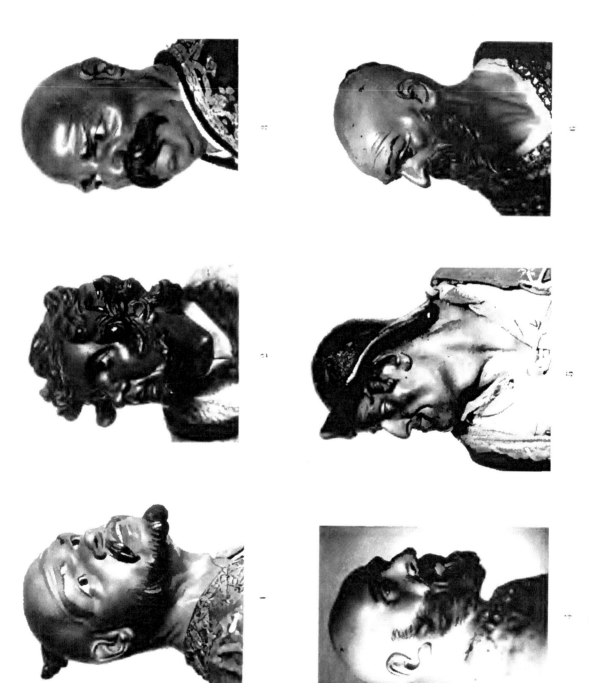

Köpfe neapler Krippenfiguren. 1, 2 Brüder Bottiglieri; 3, 4 Gius. Sammartino; 5 Brüder Tribosco; 6 Salvatore di Franco

XII, 4

Krippenfiguren von Ramon Amadeu

Krippenfiguren von Ramon Amadeu

2

3

1

XII, 6

1

2

Ausschnitt aus Tafel XII, 7, 1

Ausschnitt aus Tafel XIII. 1

I

1

2

Ausschnitte aus Tafel XIII. 1

Ausschnitte aus Tafel XIII, 1

XIII, 3

Ausschnitte aus Tafel XIII, 1

XIII, 6

Ausschnitte aus Tafel XIII, 1

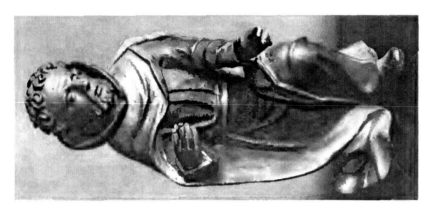

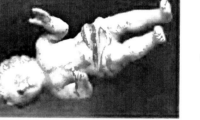

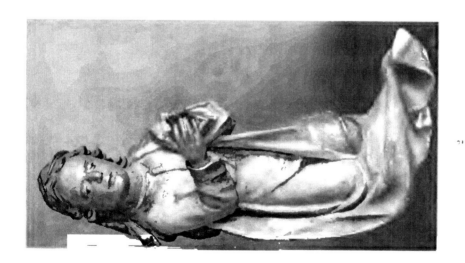

Tiroler Krippenfiguren.

Matteo Civitali, h. Familie einer Krippe.

Spanische Krippe.

Caterina di Julianis. Krippe.

Neapler Krippenszenen. Die Menschen: 1 von L. Mosca; 2 die beiden linken von Fr. Celebrano, der rechte von Fr. Cappiello.

1

2

XIV. 5

Portugiesische Krippe.

1

2

1

2

1   2   3

4

Figuren aus italienischen Krippen.

1

2

1: Giovanni Rosselli, Krippe. 2: Bernardo Carlone (?), Altarkrippe

Köpfe neapler Krippenfiguren. 1, 3: Salv., il Franco. 2, 4, 6: Franc. Cappiello. 5: Angelo Viva.

Af. 3

Machado de Castro, Krippe.

Ausschnitt aus Taf. XV, 1.

1

2

1: Andalusische Krippe. 2: Ausschnitt aus Taf. XV, 1.

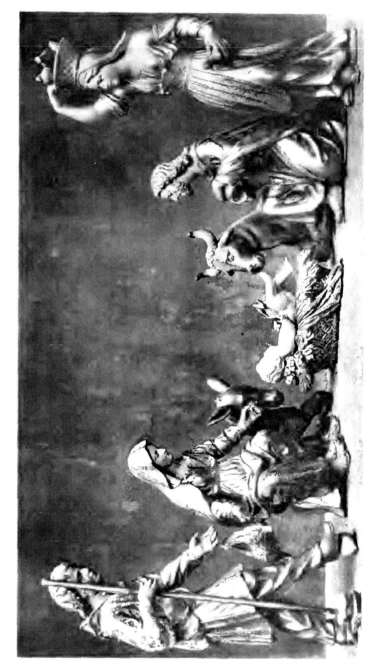

1

2

1. Süddeutsche Krippenfiguren. 2. Französisches Christkindhäuschen

Federigo Brandani, Krippe

1

2

1. Ausschnitt aus Taf. XVI, 2. 2. Oberitalienisch, Geburt Christi

Gaudenzio Ferrari und Werkstatt. Ankunft der h. drei Könige

Ambrogio della Robbia, Krippe

Neapolitanisch. Maria und zwei Engel aus einer Krippe

1

2

Genueser Krippenfiguren

1

2

Genueser Krippenfiguren

Französische Krippe

Sizilianische Krippe

Sizilianische Krippe

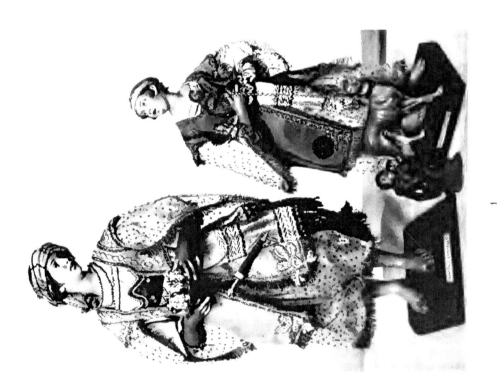

Neapler Krippenfiguren: Orientalen. 1. Francesco Capiello; 2. Lor. Mosca und Gius. Gori

Gius. Sammartino, Bettlergruppe aus einer krippe

Nicola Somma, Zigeunergruppe aus einer Krippe

1

2

Nicola Somma, Bettlergruppen aus einer Krippe

Pietro und Giovanni Alemanni. Krippe

Ausschnitt aus Taf. XVIII, 1

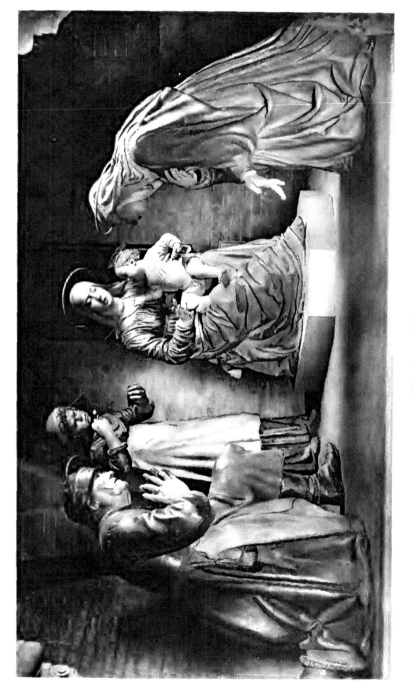

Guido Mazzoni, Krippe

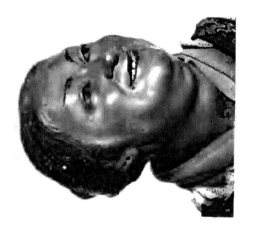

Häuser aus süditalienischen Krippen

1

2

1: Deutsche Krippe.   2: Italienische Krippe

1

2   3

Böhmische Krippen

1   3   2

4   6   5

1, 2: Brixener Meister, Figuren einer Krippe.   3, 4, 5: Sächsische Bornkinder; 5: von Peter Breuer
6: Alpenländisch. Christkind zu Pferde

Bayerische Krippenfiguren

Provençalische Krippe

Provenzalische Krippe

1

2

1: Provençalisch, Ruhe auf der Flucht. 2: Südtiroler Krippe

Gius. Sammartino und Gius. Gori. H. Familie

1: Ior. Mosca; 2: Franc. Celebrano, Bäuerinnen

Johann Berger, Mohren aus einer Flucht nach Ägypten

Ostdeutsche (?) Krippe

Portugiesische Krippe

Portugiesisch. Die Anbetung der Hirten

XX. 3

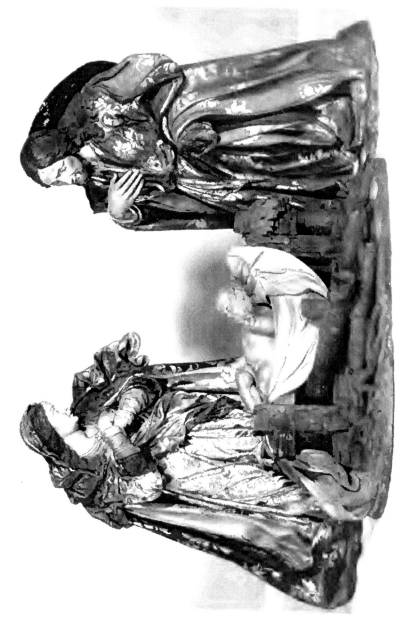

Ausschnitt aus Taf. XX, 3

XX, 4

1

2

Gruppen aus portugiesischen Krippen

1

2

Gruppen aus portugiesischen Krippen

1

2

Portugiesische Gruppen aus einer Krippe

1

2

1: Ausschnitt aus Taf. XX, 4, Machado de Castro; 2: Portugiesisch, Gruppe aus einer Krippe

Deutsche Christkindwiege

1

2

Fragmente krippenförmiger Anbetungen der h. drei Könige

Burgundisches Krippenrelief

Caffaggiolo, Krippenrelief

Franz Xaver Nissl. 1: Anbetung der h. drei Könige; 2: Anbetung der Hirten; 3: Volkszählung; 4: die h. Familie; 5: Darbringung im Tempel

1

2

Franz Xaver Nissl. 1: Ermordung der unschuldigen Kinder und Flucht nach Ägypten; 2: Höllenfahrt des Herodes

1

2

3

Franz Xaver Nissl. 1: h. Veronika; 2: Geißelung; 3: Christus vor dem hohen Rat

1

2

3

CPSIA information can be obtained at www.ICGtesting.com
Printed in the USA
/OW04s1015060814

1905BV00021B/449/P

9 781295 671540